# André PEZZANI

# André PEZZANI

## AVOCAT, LITTÉRATEUR & PHILOSOPHE



M. Pezzani (Anne-Jacques-André), avocat, littérateur, philosophe, est né à Lyon, le 30 octobre 1818.

Jurisconsulte, il a publié le traité des *Empêchements du mariage,* 1 volume in-8° (1838), et *Manuel de droit administratif,* in-12 (1839). Ces deux ouvrages sont analysés dans le *Dictionnaire général de Jurisprudence* de Dalloz.

Littérateur, il a publié un très-fort volume in-8°, intitulé : *Poëmes lyriques et dramatiques* (1844); *Falkir*, poëme philosophique, in-12 (1847); *Le rêve d'Antonio,* 2^me^ édition (1850), suivi d'un *Essai sur le Druidisme.*

Philosophe, il a débuté par l'*Exposé d'un nouveau système philosophique* (1846), suivi bientôt de *Dieu, l'homme, l'humanité et ses progrès,* traité en cinq livres (1847); *Esquisse de la philosophie de Ballanche; Traité des mystères anciens; Premiers fragments philosophiques*

(1851); *Nouveaux fragments philosophiques*; (1852); *Lettres à M. Lélut, sur le sommeil et le somnambulisme* (1855); *Mathématiques de l'infini* (1855); *Principes supérieurs de la morale*, 2 volumes in-8° (1859). Ce dernier ouvrage a été couronné par l'Académie des Sciences morales et politiques. Il porte pour épigraphe : « Il n'y a pas de morale juive, mahométane, protestante ou catholique ; il n'y a qu'une seule et même morale, — la morale de tous ; — » *Examen des questions pendantes en philosophie religieuse* (1860).

De 1860 à 1867, il entra dans le

journalisme, principalement scientifique et philosophique, rédacteur en chef, pendant cinq années, de l'*Industriel Français*, de la *Tribune Universelle*, collaborateur assidu à tous les numéros de la *Vérité*, de Lyon, de la *Ruche* et de l'*Union*, de Bordeaux, de l'*Avenir*, de Paris, tantôt sous son nom, tantôt sous le pseudonyme de Philaléthès. C'est dans le cours de cette période qu'il a composé son ouvrage: *Pluralité des existences de l'âme* (1), qui en est à sa septième édition (1865-1875). Il

(1) M. L. Figuier a fait de nombreux emprunts à cet ouvrage, dans son *Lendemain de la mort*.

a donné encore : *Les Bardes druidiques*, synthèse philosophique au xix<sup>e</sup> siècle (1868) ; *Philosophie de l'Avenir* (1867) ; une *Philosophie nouvelle* (1872) ; *Novissima verba* ou *Dernières pensées d'un Philosophe* (1874) et *Défense des Novissima verba* (1875). Son système n'est ni le matérialisme, ni le spiritualisme, mais le panmonadisme, la solidarité et l'évolution progressive de tous les êtres du Cosmos. Il a étendu à tout l'univers, aux êtres organiques comme aux intelligences, le système de Darwin qu'il a devancé. Il qualifie son opinion sous le titre d'Universalisme.

Tout semble se résumer actuellement, pour la science et la philosophie contemporaines, dans ces points, sur lesquels l'avenir ne discutera plus :

1° Unité des forces physiques ; 2° unité de race de tous les êtres peuplant les mondes infinis de l'univers infini ; 3° évolution et progression de tous ces êtres ; 4° relativité des mots matière et esprit, qui n'expriment que des situations particulières d'êtres et leur préhension par les organes plus ou moins parfaits des habitants de tel ou tel monde ; 5° pénétration réciproque de tous les êtres et de tous les mondes,

unis dans une solidarité commune;
6° la terre, notre petite planète,
atome dans l'immensité, venue très-
tard et presque la dernière dans
l'ordre des temps, datant à peine
de quelques millions d'années, et
précédée par des êtres et par des
mondes, qui comptent eux par mil-
liards l'existence; 7° antiquité rela-
tive de l'homme qui, d'après les
témoignages fossilifères, remonte à
plusieurs mille ans; 8° l'homme
primitif, très-imparfait, s'élevant,
par degrés, de la sauvagerie aux
âges préhistoriques, puis, peu à
peu, à une civilisation très-incom-
plète encore.

M. Pezzani a admis toutes ces solutions; il les a développées et défendues dans tous ses ouvrages; il a partout acclamé le progrès et l'avenir.

En politique et en économie politique, M. Pezzani a publié quelques brochures : *Essai sur l'organisation du travail, sur les réformes politiques et sociales* (1848) ; *Présidence et Royauté* (1849); *Pourquoi je suis republicain* (1871) ; *Réponse au Comte de Chambord* (même année); *Pétitions imprimées à l'Assemblée nationale, pour réclamer la dissolution* (même année).

Gaspard BELLIN.

BORDEAUX. — IMPRIMERIE CENTRALE A. DE LANEFRANQUE

23-25, rue Permentade, 23-25.

73